Recettes contre les Pipis de Chats ou la Méthode Stop au Pipi de Chat

3° édition

par Morgan de laVieDesChats

Recettes contre les pipis de chats ou … la Méthode Stop au Pipi de Chat

Copyright © 2019 laVieDesChats

Tous droits réservés

ISBN: 295477181X

ISBN-13: 9782954771816

Remerciements

Merci à ma grand-mère Marie Aimée et à ma mère Renée pour m'avoir transmis cette passion des chats. Je la transmets à mon tour à mes filles Diane et Fanny :)

Merci à toutes celles et tous ceux qui m'ont fait confiance en me sollicitant sur laVieDesChats.com. C'est en les aidant et en échangeant que j'ai pu expérimenter et faire approuver la méthode que vous détenez désormais. Je suis ravi de partager avec vous cette aide.

Soyez patient et persévérant comme un chat.

Remerciements	**3**
Préface	**9**
Ce que nous allons voir dans cette méthode	12
Partie 1 - Le pipi de chat d'abord traité chez votre vétérinaire	14
Symptômes flagrants pour une urgence	14
Retour parfois difficile dans le bac à litière après une urgence vétérinaire	15
Si votre vétérinaire ne détecte rien chez votre chat ?	16
Partie 2 - État des lieux	**19**
A - Questions sur votre chat	20
B - Questions sur votre chat et d'autres animaux	22
C - Questions sur votre environnement et le Plan	23
D - Questions sur vous	24
E - Questions sur votre relation avec votre chat	24
F - Question sur le pipi de votre chat	25
Pourquoi ces pipis de chats ?	27
Que faire maintenant ? D'abord l'enquête avec la Check-list	29
Partie 3 - Méthode contre les pipis de chats avec la Check List	**30**
Étape 1 - Le vétérinaire et votre chat	31

ÉTAPE 2 - Pourquoi ne pas gronder votre chat ?   34

Étape 3 - Nettoyage après un pipi de chat   35

    Comment applique-t-on concrètement le bicarbonate ?   36

    Un nettoyant encore plus puissant   37

    "J'ai nettoyé mais ça sent encore"   38

    Après plusieurs jours, les grands moyens   39

    Pointilleux sur la propreté mais laissez-lui les odeurs rassurantes   40

Étape 4 - Empêcher un autre « crime »   42

    Le double-face   42

    Répulsif pour protéger une zone   43

    La terre de vos plantes d'intérieur   44

    Astuce sur les zones fonctionnelles   46

Étape 5 - Le bac à litière   47

    Taille du bac à litière   49

    Hauteur des rebords du bac   49

Étape 6 - La litière   51

Étape 7 - Votre chat/chatte est-il(elle) castré/stérilisée ?   56

    Pourquoi le pipi de marquage ?   56

    Comment savoir si c'est vraiment un pipi de marquage ?   57

Étape 8 - Quel changement dans votre environnement ?   59

    Recensement et inventaire   59

    Pourquoi un changement peut stresser certains chats ? 59

    Une odeur nouvelle ?   60

    Événement extérieur ?   61

Étape 9 - Un autre chat, un chien, une personne, un bruit extérieur ou un objet inquiète votre chat ?   62

    Un autre chat   62

    Un chien avec votre chat   62

    Une personne en particulier effraie votre chat   63

    un bruit extérieur terrifie votre chat   64

    Le cas exceptionnel d'un objet déplacé ou absent   66

    Pipi de stress : Feliway ou Zylkene   67

Étape 11 - Sortir malgré tout   70

Étape 12 - Faire jouer votre chat pour éviter l'ennui   73

    Faire jouer votre chat au bon moment   74

    Quel est le but de faire jouer votre chat ?   74

Étape 13 - Lui apprendre le bon geste   78

Étape 14 - Votre état nerveux influe votre chat ?   79

    Le test pour définir l'impact de votre humeur sur votre chat   79

    Ce qu'il faut retenir de vos réponses à ces questions sur la relation avec votre chat   85

Récapitulatif du travail sur la relation à votre chat   85

Étape 15 - La technique de l'éloignement   88

Étape 16 - Mon chat fait pipi uniquement sur ce tapis   90

Étape 17 - Dans le cas de plusieurs chats, comment savoir lequel fait pipi ?   91

Récapitulatif des points à vérifier dans votre enquête sur le pipi de votre chat   **93**

Ce que nous avons vu dans cette Méthode "Stop au Pipi de Chat"   96

Exercices   97

Exercice pratique   99

Formation de Parent de Chat   100

Note de fin   **102**

Les autres ouvrages de l'auteur   **103**

Recettes contre les pipis de chats ou ... la Méthode Stop au Pipi de Chat

Préface

Je m'appelle Morgan et suis, comme vous, passionné … fou … obnubilé par les chats.

Depuis tout petit, je côtoie au quotidien des chats à la maison. Déjà enfant, ma maman me racontait ses propres souvenirs d'enfance avec les chats. Ma grand-mère ne concevait pas une vie de famille sans un chat à la maison. Ce félin fait partie de ma vie comme le vôtre fait partie de votre existence.

Voila pourquoi la création du site laVieDesChats.com était une évidence.

"Mais pourquoi n'y ai-je pas pensé plus tôt ?"

Quel plaisir pour moi, tout en vous aidant, d'expliquer ce que je devinais ou savais instinctivement du comportement des chats. En aidant les internautes à résoudre leurs problèmes, j'allais me documenter, interroger, tester, expérimenter, analyser, apprendre, tenter des astuces et expériences pour concevoir ces méthodes de laVieDesChats.com.

Bienvenue dans cette Méthode de "Stop au Pipi de Chat". Même si vous n'avez jamais été confronté auparavant à des pipis de chats sur votre sol, sur un vêtement, sur une couette ou un canapé, il est toujours bon de savoir ce qu'il faut faire. C'est un peu comme les gestes de premier secours auprès de votre chat. Si vous vous êtes entraîné avant de rencontrer le problème, vous aborderez le sujet avec beaucoup plus de sérénité.

Je vais vous expliquer comment fonctionne cette Méthode pour enquêter sur l'origine du pipi de chat. Je vais vous guider pas à pas. Mais tout d'abord je dois vous remercier pour l'engagement que vous prenez avec cette Méthode. Si vous êtes face à ce pipi de chat en dehors du bac à litière, parfois sur un tissu ou un support délicat, je comprends ce que vous ressentez. C'est tellement énervant, pénible et frustrant de ne pas régler ce problème de pipi de chat en deux minutes.

Le problème du pipi de chat au mauvais endroit nous impose de la patience. Même si vous pouvez être tenté de lâcher votre énervement contre votre chat, je le comprends parce que je suis passé par là aussi dans le passé avec des chats que je connaissais bien pourtant. Mais il n'y a que la patience et la méthode que je vais vous décrire pour vous permettre de résoudre le problème.

Depuis 2012 sur laVieDesChats.com, tous les problèmes de pipis de chats que vous m'avez soumis m'ont amené à me documenter, à me former, à lire beaucoup en français et en anglais, à consulter et à expérimenter avec vous plusieurs techniques. Les causes possibles sont nombreuses et j'ai testé une méthode au fil des années que vous avez validée au fil des années sur laVieDesChats.com.

Je vais vous donner des <u>informations</u> dans un premier temps et vous proposer un <u>questionnaire</u>. Puis dans le second temps, je vous guiderai dans une <u>méthode</u> à plusieurs étapes.

Vous allez mener cette enquête auprès de votre chat et vous allez apprendre des choses durant ce travail. Vous allez réussir mais à une seule condition : grâce à votre implication.

Pour régler le problème de pipi de chat, il n'existe pas de solution magique. On ne trouve pas la solution en un instant, en regardant 5 mn de vidéo, en testant 2 trucs et en abandonnant. Chaque situation est différente tout comme chaque chat est différent. Donc à partir de maintenant, si vous souhaitez réussir avec moi et avec votre chat, je vous invite à vous impliquer et à suivre toutes les étapes jusqu'au bout de cette méthode.

Parfois la solution est trouvée rapidement et c'est une chance que peut vous donner votre chat. Dans d'autres cas, cela demande plusieurs semaines voire, dans des cas exceptionnels, plusieurs mois. Mais le premier tout petit progrès sera déjà une victoire. Vous allez améliorer la situation avec votre chat et trouver pourquoi il fait pipi en dehors du bac à litière.

Ce que nous allons voir dans cette méthode

Cette méthode se présente en trois parties. En première partie, nous allons faire le point rapidement chez votre vétérinaire.

Dans la deuxième partie, nous ferons ensemble un état des lieux. Nous ne pouvons pas être efficaces dans l'enquête qui suivra sans avoir fait cet état des lieux. C'est indispensable pour connaître la situation de votre chat, son histoire et sa personnalité. Il est important également de bien connaître l'environnement dans lequel votre chat vit avec vous. Et c'est une bonne occasion pour mieux vous connaître, pour connaître la relation avec votre chat, les relations de votre chat avec d'autres chats ou chiens éventuellement.

Une fois que vous aurez répondu aux questions que je vous propose, la situation sera claire. Les faits étant clairement posés, les étapes de l'enquête seront plus évidentes pour vous et votre chat. Donc je vous invite à accepter de prendre le temps de faire correctement cet état des lieux. Comme vous connaissez très bien votre chat, ce sera assez rapide.

Partie 1 - Le pipi de chat d'abord traité chez votre vétérinaire

Avant toute chose, il est bon de vérifier chez votre vétérinaire si le problème de pipi que vous rencontrez avec votre chat n'est pas d'ordre médical. D'autant plus qu'un problème de pipi révèle l'expression d'un malaise. Dans la majorité des cas que j'ai accompagnés, ce mal-être exprimé a pour origine une souffrance physique. Seul votre vétérinaire est apte et compétent pour ausculter, analyser et diagnostiquer votre chat.

Si vous ne le saviez pas encore, votre chat est le champion du monde pour dissimuler la moindre souffrance. Il a hérité de cette aptitude de ses ancêtres qui souhaitaient cacher aux prédateurs leur faiblesse soudaine. Or votre chat n'a que deux moyens pour exprimer une souffrance physique : le pipi intempestif et un changement soudain de comportement.

Symptômes flagrants pour une urgence

Je vais vous décrire des symptômes en tant que Parent de Chat. Seul votre vétérinaire peut juger de la pertinence des symptômes. Mais certains signes d'urgence vétérinaire sont flagrants comme :

- votre chat miaule anormalement tout en essayant d'uriner.
- vous constatez des traces de sang dans ses selles.
- votre chat a un changement brusque et radical de comportement depuis quelques heures.
- votre chat boit une quantité d'eau impressionnante et d'une manière avide.

Pour ces symptômes, faites-vous confirmer immédiatement par téléphone auprès de votre vétérinaire qu'il s'agit effectivement d'une urgence. J'estime que c'est du devoir du Parent de Chat de prendre en charge les soins mais aussi les visites de contrôle de son chat au cabinet vétérinaire.

Retour parfois difficile dans le bac à litière après une urgence vétérinaire

Au retour de chez le vétérinaire après une urgence, il faut permettre à votre chat de se réconcilier avec son bac à litière. Dans certains cas où votre chat a connu des moments douloureux alors qu'il essayait d'uriner dans sa litière, il peut croire que la douleur va revenir s'il y retourne. Pour changer cette association entre douleur et bac que votre chat a en tête désormais, je vous propose de le faire revenir en douceur et par étapes.

Dans un premier temps, vous pouvez proposer un tout nouveau bac à litière à votre chat. Vous récupérez des boules agglomérées de pipi et des crottes pour les laisser dans l'ancien bac à litière. Le but est d'apporter à cet ancien bac que votre chat maudit des odeurs qui lui sont très familières : les siennes.

Or votre chat se rassure avec ses propres odeurs.

Je vous propose dans ce cas une petite technique. Tout en observant les réactions de votre chat, rapprochez l'ancien bac à litière du nouveau, petit à petit sur plusieurs jours. Si votre chat n'y trouve rien à redire, vous allez le voir dans son comportement, rapprochez les deux bacs côte à côte. Nettoyez les deux bacs de la même manière comme je vais vous le proposer dans la suite de ce module.

Avec le temps, votre chat devrait trouver plaisir à utiliser les deux bacs. Quand il se sera réconcilié avec l'ancien bac à litière, libre à vous de prendre votre décision pour le deuxième bac à litière tout neuf. Et si vous pensiez à adopter un deuxième chat ? ;)

Si votre vétérinaire ne détecte rien chez votre chat ?

Enfin si votre vétérinaire n'a rien détecté d'anormal sur le plan médical alors à moi de jouer sur le plan comportemental. Laissez-moi vous guider pour un état des lieux entièrement guidé. Puis je vous accompagnerai dans l'enquête. Cette enquête se présente sous la forme d'une liste de techniques expérimentées et approuvées par des Parents de Chats depuis 2012. L'enquête peut être courte ou très longue. C'est la personnalité de votre chat qui le détermine et votre aptitude à vous engager totalement ou non dans cette résolution de problème.

Laissez-vous guider, donnez-moi la main et faisons connaissance avec votre chat à nouveau.

Recettes contre les pipis de chats ou ... la Méthode Stop au Pipi de Chat

Partie 2 - État des lieux

Pour l'état des lieux, je ne vais pas vous demander d'écrire librement sur votre chat. Pour préparer l'enquête qui suit, je pense qu'il faut apporter des informations précises. Voici pourquoi je vous propose de vous guider par une série de questions, cela vous aidera à ne rien oublier pour l'enquête. Je vous conseille de répondre naturellement et spontanément à chacune des questions.

Nous allons successivement nous intéresser à :

- votre chat
- à votre chat avec des chiens ou d'autres chats
- l'environnement dans lequel vous vivez avec votre chat
- vous et votre personnalité
- la relation que vous entretenez avec votre chat
- la série de pipis intempestifs de votre chat

Par la suite, après une courte transition, nous entamerons l'enquête qui consiste en une méthode à plusieurs techniques que je vous expliquerai l'une après l'autre. Je vous propose d'indiquer le numéro de la question (A5, B3 ou C5, etc) et de noter votre réponse.

Conservez votre document (sur papier ou dans un fichier numérique) car il vous servira par la suite.

Voici le questionnaire pour l'état des lieux.

A - Questions sur votre chat

1. Quel est le nom de votre chat et son âge (ou âge estimé par votre vétérinaire si ce chat a été recueilli) ? Quel est son poids (pesez-vous avec votre chat dans les bras puis sans votre chat pour obtenir son poids) ? Quelle est sa taille (du museau à la base de la queue) ?

2. Votre chat a-t-il été éduqué par sa maman jusqu'à ses 3 mois au moins ?

3. Quelle est la race de votre chat seulement si elle est reconnue par un document fourni par un éleveur professionnel (document LOOF) ?

4. Quelle est son alimentation actuellement (marque) ? Quelle dose quotidienne (en grammes) donnez-vous à votre chat ? Depuis quand s'est-il habitué à cette nourriture ? Quelle quantité d'eau boit-il ?

5. Quelle est la date de sa dernière visite chez le vétérinaire ? Quelles informations vous ont été communiquées à propos de votre chat ?

6. Votre chat est-il castré ou votre chatte est-elle stérilisée ? Si oui, à quel âge cette opération a-t-elle eu lieu ?

7. Votre chat sort-il de votre logement ? A quelle fréquence (tous les jours, parfois, ...) ?

8. Combien de déménagements votre chat a-t-il connu ? Date du dernier déménagement ?

9. Est-ce que votre chat affiche habituellement un certain niveau de stress selon son langage corporel ?
    a. - Oreilles dilatées ou non ?
    b. - Une fois debout, il reste droit sur ses pattes ou demeure-t-il assez bas près du sol ?
    c. - Constatez-vous dans la journée que sa queue est souvent droite comme un i ou ramassée entre ses pattes ?
    d. - Ses oreilles semblent-elles toujours en alerte ?
    e. - Il sursaute au moindre bruit anodin ?

10. Quel autre signe trahit son état émotionnel (léchage, son pelage, ses selles, ses griffes, etc) ?

11. Quels signes positifs montre-t-il ? Quelques exemples ?

12. Quel est le caractère de votre chat, sa personnalité ?

13. Quels sont ses jouets favoris ?

B - Questions sur votre chat et d'autres animaux

1. Quels autres chats vivent avec vous ?

2. Depuis combien de temps se connaissent-ils ?

3. Quelle relation entretiennent-ils aujourd'hui ?

4. Comment ont été (sont) vos réactions quand ils feulaient (ou feulent) l'un envers l'autre ou se bagarrent méchamment ?

5. Si un chien vit avec votre chat, comment se déroulées les premières rencontres ? Depuis combien de temps se connaissent-ils ?

6. Quelle relation aujourd'hui ? Très amis, cohabitent avec courtoisie mais avec distance ou est-ce la bagarre

systématiquement ?

7. Comment ont été vos réactions quand chien et chat se provoquaient ou se bagarraient ?

8. Est-ce que l'un des animaux qui vivait en cohabitation est désormais absent ? Si c'est le cas, comment se comporte l'animal restant ?

C - Questions sur votre environnement et le Plan

Pouvez-vous griffonner en quelques traits le plan de votre logement en indiquant seulement les murs, portes et fenêtres ? Je vous remercie de votre patience.

Notez par des croix le lieu des gamelles, bac à litière et lieux favoris de sieste, de jeux ou de contemplation. Ajoutez à votre plan les poteaux ou cartons à griffer, hamac de fenêtre, positions en hauteur.

D - Questions sur vous

1. Quelle est votre personnalité en quelques mots (calme, tonique, introverti, anxieux, nerveux, etc)?

2. Qui d'autre vit avec vous à demeure (enfants, conjoint, etc) ?

3. Qui de vous ou de votre chat demande le plus d'attention et d'affection ?

E - Questions sur votre relation avec votre chat

1. Combien de temps passez-vous avec lui chaque jour ?

2. Quels sont vos rituels préférés ? Quels sont vos jeux préférés ?

3. A chaque pipi en dehors du bac à litière, quelle attitude avez-vous devant votre chat ? Vous avez grondé ou puni votre chat ? Si oui, de quelle manière ?

F - Question sur le pipi de votre chat

1. Depuis combien de temps subissez-vous la situation ?

2. Est-ce arrivé soudainement alors que votre chat était propre jusque-là ?

3. A quelle fréquence ? Plusieurs fois ou une fois par jour, une à trois fois par semaine ou de temps en temps par périodes espacées de plusieurs jours au moins ?

4. Si vous le surprenez à faire pipi, dans quelle position le fait-il ? Debout avec la queue relevée ou accroupi ?

5. Si vous ne le surprenez pas à faire pipi, trouvez-vous une flaque au sol ou une ligne dans le sens vertical sur un mur ou un canapé ?

6. A quel endroit retrouvez-vous ce pipi ? Aux mêmes endroits systématiquement (lesquels) ou jamais au même endroit ?

Je vous remercie à nouveau pour votre grande patience, vous venez de terminer le questionnaire vous permettant de faire le point et l'état des lieux sur la situation avec votre chat. Je vais vous guider maintenant dans la check-list après vous avoir expliqué pourquoi votre chat se met soudainement à faire pipi en dehors de son bac à litière.

Pourquoi ces pipis de chats ?

Votre chat adore contrôler son environnement dans le sens où il aime tout ce qu'il a parfaitement identifié. Il peut uriner contre le stress, l'anxiété, l'insécurité, la peur ou la timidité. Pour se rassurer, votre chat ne vous parlera pas, il n'a qu'un moyen d'expression : uriner et émettre une odeur personnelle. Cette odeur apporte à votre chat le sentiment de sécurité dont il a besoin.

Par ce geste, il n'a aucune intention de vous ennuyer, de vous peiner ou de vous embêter. Vous vous rendez bien compte qu'il ne saisit pas les conséquences. Votre chat ne sait pas toute l'énergie qui vous est nécessaire pour vous calmer et nettoyer avec ardeur le tapis, le lit, le canapé, les vêtements, etc. Vous jugez inadmissible ce fléau que votre chat vous impose, c'est légitime.

Mais je vous assure que, pour votre chat, faire pipi est un geste aussi banal que celui, pour vous, de déballer votre valise en arrivant dans une chambre d'hôtel. Vous vous installez et marquez, en quelque sorte, votre zone personnelle. Votre chat agit de même, il fait pipi pour marquer son territoire, se rassure en le marquant grâce à ses propres odeurs. Le chat a ce besoin fondamental de territoire et agit en fonction des informations olfactives. Votre chat «fonctionne» ainsi.

C'est à nous maintenant d'identifier l'origine de cette anxiété. Nous allons enquêter ensemble avec votre chat.

Recettes contre les pipis de chats ou … la Méthode Stop au Pipi de Chat

Que faire maintenant ? D'abord l'enquête avec la Check-list

La liste de cette méthode est un outil complet. Vous allez utiliser chaque technique l'une après l'autre jusqu'au rétablissement complet de la situation.

Parce que vous allez me demander très justement : « combien de temps ça va prendre Morgan ? J'en ai marre de nettoyer tous les jours ou presque. Vivement que ce cauchemar se termine ! ». Je vous comprends. Je dois vous répondre tout de suite à cette question en toute honnêteté.

Le délai pour atteindre votre objectif ne dépend que de votre chat et du temps qu'il vous faudra pour identifier l'origine du problème. Il n'existe aucun délai unique pour les problèmes de pipis de chat. Vous allez tout mettre en œuvre pour trouver la solution mais votre chat est le seul à apporter le premier progrès alors patience …

Partie 3 - Méthode contre les pipis de chats avec la Check List

J'ai conçu cette check-List dans un ordre pertinent, cohérent et alimenté par mon expérience avec vous et vos chats. Je vous invite à suivre ce sens logique forgé par mon expérience avec tous les parents de chats que j'ai accompagnés. Nous allons valider chaque point de cette méthode jusqu'à identifier la raison qui pousse votre chat à faire ce pipi intempestif.

Avant d'aller au coeur de l'enquête, nous allons passer les premiers points successivement chez le vétérinaire puis nous nettoierons efficacement la zone souillée. Inutile de tenter votre chat à recommencer car cela ruinerait vos efforts à néant. Ensuite vous serez paré pour enquêter sérieusement sur ce qui a poussé votre chat à faire pipi en dehors du bac à litière.

Dans certains cas, les premiers points de la check-list que vous allez découvrir ont suffi à faire cesser les pipis de chats en dehors de la litière. Pour d'autres chats, j'ai dû chercher d'autres astuces, d'autres stratagèmes pour comprendre ce qui les a amenés à exprimer leur inquiétude ou leur gêne en faisant pipi. Êtes-vous prêt à vous engager pleinement dans l'enquête ? Suivez-moi cher détective des chats.

Étape 1 - Le vétérinaire et votre chat

Le vétérinaire est la première piste à explorer avec votre chat, comme nous l'avons vu en introduction de cette Formation. J'insiste sur le fait qu'il serait dommage de tarder à faire soigner votre chat si l'origine du pipi en dehors du bac à litière est d'ordre médical. Selon mes statistiques personnelles, plus d'un cas sur deux relève d'un problème de santé. Donc ne négligez surtout pas une auscultation dans les meilleurs délais. Cela m'amène à vous dire aussi qu'un pipi en dehors du bac à litière est à analyser rapidement. Il ne faut jamais laisser une telle situation plusieurs jours sans commencer à agir. Un "petit accident" peut survenir mais quand une série de série en dehors du bac commence, il n'est jamais bon de ne pas commencer à s'en inquiéter.

Que vous dit le vétérinaire lors de l'auscultation ? Comme nous l'avons vu en préambule de ce module contre les pipis de chats, vous avez décrit à votre vétérinaire tous les symptômes et les détails de la situation compliquée dans laquelle vous êtes face aux pipis intempestifs de votre chat.

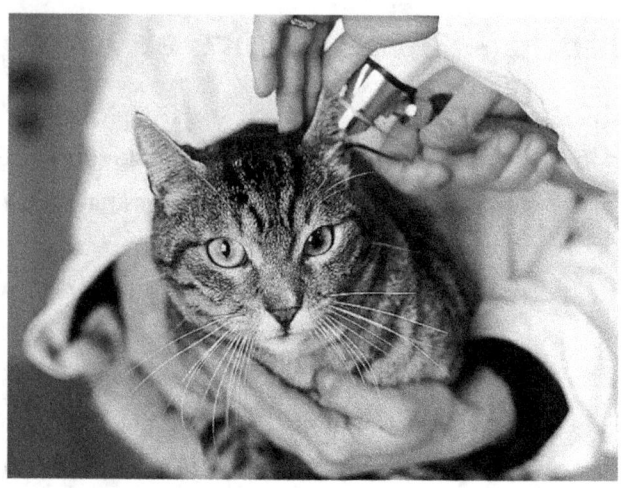

Après vous avoir écouté, votre vétérinaire a ausculté votre chat. Ce qu'il vous communique dans son diagnostic est important dans le sens où certains cas relèvent à la fois de la médecine vétérinaire et du comportement. Dans ce cas double, notez bien les informations pour, une fois rentrés à domicile avec votre chat, vous puissiez assurer la transition sur le plan comportemental. N'hésitez pas à prendre des notes et à rédiger votre interprétation des instructions de votre vétérinaire car il n'est guère facile de retenir un ensemble d'informations complexes.

Enfin vérifiez avec votre vétérinaire que votre chat est vacciné (Felv), vermifugé.

Vermifuge pour votre chat ici en 1 clic http://www.laviedeschats.com/vermifuge

Votre chat doit être protégé contre les parasites externes également.

antiparasitaire pour chat adulte ici en 1 clic http://www.laviedeschats.com/advantage

ÉTAPE 2 - Pourquoi ne pas gronder votre chat ?

Inutile de s'énerver. Votre réaction est compréhensible puisque vous subissez la situation et vous savez déjà la corvée de nettoyage qui vous attend. Mais gardez bien à l'esprit que votre chat ne fait qu'exprimer une gêne ou un besoin.

Il ne comprend pas quand vous le disputez pour le pipi qu'il vient de faire. Si vous le grondez très fort, il voudra exprimer son stress en urinant davantage en dehors de sa litière. Ce pipi est pour lui un geste très banal tandis que, pour nous, c'est une catastrophe domestique.

Ne croyez pas qu'il comprend que vous ne voulez plus qu'il ne fasse plus pipi au mauvais endroit, c'est une fausse idée d'humain que nous avons. Dans le cas de dispute, votre chat ne perçoit pas ce message, il ne subit qu'un stress supplémentaire au malaise qu'il vit déjà. Gronder ou punir ne fait qu'ajouter un problème supplémentaire, voire peut même rendre la situation du pipi encore plus complexe.

Certains chats traumatisés dans leur jeunesse peuvent nous faire endurer cette épreuve toute leur vie. Mais même dans ces derniers cas extrêmes, notre obstination permet de percevoir les premiers signes encourageants au bout de plusieurs mois. Heureusement que ces cas sont très rares. Donc apprenons de nos chats la persévérance et la patience, ce sont les armes absolues !

Étape 3 - Nettoyage après un pipi de chat

En même temps que nous allons enquêter sur l'origine de ce trouble du comportement, il est urgent de nettoyer.

Si vous agissez dans les quelques heures qui suivent le méfait, le soir à votre retour du travail par exemple, je vous recommande d'utiliser du bicarbonate de soude.

bicarbonate de soude technique ici en 1 clic http://www.laviedeschats.com/jpx5

Le bicarbonate de soude est une poudre blanche très fine, son apparence est similaire à la farine. Elle est déjà largement utilisée pour les soins de beauté, en pâtisserie. Elle va nous sauver dans nos cas de pipis de chats. Il s'agit ici de bicarbonate technique uniquement pour le nettoyage. Le bicarbonate de soude utilisé en cuisine et en cosmétique est dit de qualité 'alimentaire'.

Comment applique-t-on concrètement le bicarbonate ?

Je vous propose de vous confectionner une solution 100% naturelle.

Pour ma part, je réutilise un flacon vide de 500 ml. J'y verse environ 350ml d'eau, 9 cuillères à soupe de vinaigre blanc (appelé aussi vinaigre d'alcool) et une cuillère à soupe de bicarbonate de soude technique. Une réaction chimique se produit, laissez le flacon ouvert jusqu'à ce que la réaction chimique s'atténue.

Vous avez en main un produit naturel, biodégradable et efficace contre les traces de pipis de chats et ses odeurs. Si l'odeur du vinaigre blanc vous importune, ajoutez à la solution environ 4 à 5 gouttes d'huile essentielle de géranium.

Huile essentielle de géranium ici en 1 clic http://www.laviedeschats.com/pucq

Cette huile essentielle est reconnue pour annihiler efficacement l'odeur acide du vinaigre.

Vous pouvez utiliser votre solution sur toute surface à nettoyer, sur un tissu en l'imbibant au mieux (couette, couverture, coussin, tissu de canapé, etc).

Dans le seul cas où vous avez de la chance d'intervenir dans la minute qui suit le pipi de chat en dehors de sa litière et seulement si c'est sa première fois à cet endroit, vous pouvez renforcer le nettoyage. Dans ce seul cas, vous finissez en saupoudrant très peu de bicarbonate de soude directement sur la surface du tissu. Plusieurs heures après, vous passez l'aspirateur et l'action anti-odeur du bicarbonate aura pleinement joué son rôle.

Un nettoyant encore plus puissant

Si la solution avec bicarbonate de soude ne suffit pas, j'ai trouvé pour des cas extrêmes ce produit très efficace. Les enzymes contenus dans ce nettoyant vont détruire les bactéries à l'origine de ces odeurs de pipis de chats.

Elimine les odeurs fortes de pipi de chat ici en 1 clic http://www.laviedeschats.com/ds27

"J'ai nettoyé mais ça sent encore"

Chaque problème de pipi de chat est différent au point que les premiers nettoyages ne suffisent pas dans quelques cas. Il arrive qu'on ne détecte pas toutes les zones arrosées par le pipi de chat, ce qui risque d'inviter minou à récidiver puisqu'il y reconnaît son odeur. Dans trois cas traités avec des abonnés de laVieDesChats.com, nous avons joué aux Experts, les « Experts à MiaouMiaou » comme aimait dire Valérie de Lyon ;)

Je vous ai sélectionné une petite lampe torche à UV pour révéler les taches d'urine de chat oubliées. Nous éteignons la lumière habituelle des pièces et allumons la torche à UV. C'est marrant comme nous trouvons vite, bingo ! « Commissaire ! Les traces de pipis de chat sont là !! »

Après trois essais de lampes torche à UV, j'ai retenu ce

modèle :

Lampe UV pour révéler pipis de chats invisibles en 1 clic ici http://www.laviedeschats.com/iex2

Les UV révèlent les taches d'urine que nous ne pouvions voir à l'œil nu. Il vous restera à nettoyer ces taches découvertes grâce à la lampe torche.

Après plusieurs jours, les grands moyens

Si vous devez nettoyer plusieurs jours après le premier pipi de chat, la solution avec bicarbonate de soude pourtant puissante ne sera sans doute pas suffisante. Il reste deux grands moyens : l'ammoniaque ou l'eau oxygénée.

Si l'ammoniaque ne suffit pas à supprimer les taches résiduelles, je ne connais que l'eau oxygénée mais attention ! Je dois vous prévenir que l'eau oxygénée risque de décolorer votre tissu. Dans ce dernier cas, imbibez un coton d'eau oxygénée et testez sur un centimètre carré le moins visible pour voir à quel point le risque de décoloration agit sur votre tissu. Dans tous ces cas, vous prenez la responsabilité de ces nettoyages.

La javel est à proscrire pour le nettoyage car cette solution attire les chats, elle ne les repousse pas. Nous ne voulons pas voir revenir nos chats faire pipi au même endroit non ?

Si votre chat a choisi un lit, une bonne alèze peut protéger votre matelas.

Pointilleux sur la propreté mais laissez-lui les odeurs rassurantes

Permettez-moi d'apporter un bémol à notre grand nettoyage en profondeur. Votre chat "fonctionne" à l'odeur. Pour reconnaître des lieux familiers, des Parents de Chats familiers, des copains chats ou des visiteurs réguliers, votre chat se sert des odeurs pour se rassurer ou s'inquiéter. Donc retenez que le nettoyage total est nécessaire mais seulement sur les zones de pipis intempestifs.

Si ces techniques vous donnent envie de laver chaque semaine les bacs à litière à fond sans laisser le soupçon d'une odeur familière, retenez-vous et contentez-vous du simple bicarbonate de soude. De cette manière, d'infimes odeurs de votre chat, que votre nez d'humain ne pourra déceler, persisteront. Si votre chat ne décèle plus aucune odeur familière, il peut, en fonction de sa personnalité et de sa sensibilité, commencer à s'angoisser d'un manque de repère. Certains chats sont tellement sensibles qu'il vaut mieux que je vous le dise sinon l'enfer du pipi de chat pourrait se prolonger dans d'autres endroits de votre logement.

Donc en un mot : nettoyer oui mais pas d'une manière trop maniaque non plus.

Nous allons maintenant mettre tout en œuvre afin que votre chat ne revienne pas faire pipi au même endroit.

Étape 4 - Empêcher un autre « crime »

Pour éviter que votre chat revienne faire pipi au même endroit, je vous offre ces possibilités pour l'en dissuader. Nous allons utiliser des matières et textures que nos chats n'aiment pas pour recouvrir les zones à protéger.

Le double-face

Les chats ont horreur de la matière collante et n'y viendront plus. Je suis d'accord avec vous pour dire que c'est très moche mais votre chat vous impose d'employer de grands moyens. Sur un canapé ou sur un tapis, la matière que vous aurez choisie devra rester aussi longtemps que votre chat n'aura pas définitivement abandonné ses pipis en dehors de la litière.

Le double-face ici en 1 clic

http://www.laviedeschats.com/x8p9

Ajoutez un produit répulsif si jamais vous le voyez vouloir

revenir sur ce « no cat land ». Il m'est arrivé par deux fois d'apprendre qu'un chat avait voulu braver l'interdiction et s'était accommodé du double-face. Dans ces deux cas exceptionnels, j'avais recommandé l'usage de répulsif.

Répulsif pour protéger une zone

En attendant de trouver l'origine du problème de notre chat, après avoir nettoyé grâce à ces dernières astuces, il s'agit aussi de mettre tout de suite un dispositif pour empêcher votre chat de revenir au même endroit.

Avec les abonnés de laVieDesChats.com, nous avons testé plusieurs répulsifs. J'aurais bien voulu trouver une solution unique mais un seul répulsif ne suffit pas à dissuader n'importe quel chat au monde, il dépendra toujours de la personnalité du félin. Voici ceux que je retiens et que je vous invite à tester l'un après l'autre.

Le plus économique et le plus facile s'avère être aussi le plus contraignant : le vaporisateur à eau. Vous surveillez votre chat et la zone à protéger. Dès qu'il fait mine de s'y intéresser, une vaporisation « pccchhiiit » le fera fuir. La surprise et l'arrosage vont le dissuader au bout d'un certain nombre de tentatives. Mais vous voyez bien que vous ne pouvez plus être très libre. Et quand vous êtes absent ?

Cette dernière réflexion m'a amené à un petit objet épatant car il donne de bons résultats. Ce spray inodore et indolore est équipé d'un détecteur de mouvement. A un mètre de distance, il détecte votre chat et vaporise une eau inodore. Vous disposez ce spray à l'endroit que vous souhaitez protéger. Il a sauvé plus d'un canapé ou d'un tapis.

Vaporisateur à détecteur de mouvement ici en 1 clic
http://www.laviedeschats.com/fpvg

Pour une famille québécoise que j'ai accompagnée dans ces problèmes de pipis de chats, j'ai répondu à leur demande spécifique de rechercher dans les huiles essentielles. Connaissant la toxicité de beaucoup d'huiles essentielles pour les chats (dû à leur métabolisme), j'ai renoncé à poursuivre ces recherches car elles sont du ressort de vétérinaires spécialisés et doivent être traitées au cas par cas.

Enfin quand il y a urgence et que vous n'avez pas le jour-même ce qu'il faut sous la main, disposez des peaux d'agrumes (oranges, citrons, etc), du jus d'agrume dans un tissu imbibé. Les chats en ont horreur. C'est une solution seulement temporaire car les odeurs d'agrumes s'évaporent assez vite.

La terre de vos plantes d'intérieur

Je dois aussi vous parler de la terre sèche de vos plantes d'intérieur. C'est aussi agréable qu'une bonne litière, pourquoi s'en priver ? Pour faire pipi, nos félins adorent le contact de la terre sèche. Même pour des chats de campagne, par temps de pluie, ils pourront préférer faire leurs besoins dans vos bacs plutôt que d'aller se mouiller dehors. Pour ce point spécifique de la terre sèche de vos plantes d'intérieur, j'ai testé avec succès le grillage à petites mailles utilisé dans les poulaillers.

Grillage pour protéger la terre de vos plantes ici en 1 clic http://www.laviedeschats.com/grillage

Le papier aluminium est aussi un répulsif efficace dans ce cas. Vous étalez l'un de ces matériaux sur la surface de la terre à sauvegarder et votre chat n'aura plus de raison de s'y attarder. Le bruit ou le contact de ces matières vont le dissuader d'y rester.

Parmi les autres astuces que je vous propose enfin de tester: le piment de cayenne saupoudré au pied des plantes et les boules de naphtaline. Je n'ai pas essayé personnellement et je n'ai pas eu de retour puisque l'une des autres astuces précédentes a suffi à éviter d'autres pipis intempestifs.

Astuce sur les zones fonctionnelles

Voici une autre astuce qui a fait ses preuves et a eu des résultats satisfaisants. Nous allons nous servir d'un principe absolu chez le chat.

Le félin prend soin de compartimenter ses zones fonctionnelles. Il dédie des espaces pour chaque activité quotidienne : manger, dormir, jouer, faire ses besoins, etc. Pour chaque activité votre chat reconnaît un endroit différent, il n'aime pas le mélange des genres.

De ce mode de fonctionnement, je me suis dit qu'il fallait en tirer avantage. A des abonnés de laVieDesChats.com, j'ai proposé d'expérimenter et valider ma thèse : il ne fera pas pipi à l'endroit même où il dort, encore moins à l'endroit où il mange tous les jours. Et à ma grande joie (et celle des abonnés), ça a marché. Yes !

Par conséquent, si vous désignez la zone de pipi comme une nouvelle zone de repas, nettoyez à fond cette nouvelle zone et disposez les gamelles habituelles, il ne voudra plus y faire ses besoins.

Une fois cette étape validée chez vous, poursuivons notre check-list en considérant les toilettes de votre chat, à savoir le bac à litière.

Étape 5 - Le bac à litière

- Emplacement du bac à litière

Le bac doit se trouver dans un endroit calme, à l'écart de passages fréquents (un couloir) ou de machines (machine à laver, moteur d'ascenseur derrière le mur, chaudière, etc …) et à l'écart de la zone des gamelles.

Selon la personnalité de votre chat, l'emplacement peut être différent. Certains chats se satisfont d'un emplacement à l'écart de la vie de votre maison ou de votre appartement. Mais ce n'est pas une règle unilatérale chez tous les chats.

D'autres chats plus sensibles aiment avoir leur bac à litière près du coeur d'activité de votre logement. Dans ce cas, il n'est pas facile de trouver une place discrète près du salon ou de la cuisine où tous les membres de la famille aiment se retrouver.

C'est en proposant deux emplacements différents que vous allez constater la préférence de votre chat. Ce sera soit à l'écart totalement, soit pas trop loin de vos lieux de passage ou d'activités.

Dans tous les cas, votre chat doit se sentir en sécurité dans son bac à litière.

- Nombre de litières

Il y a quelques années, un responsable de refuge m'avait appris une règle du nombre minimum de litière pour x chats. Pour lui qui en hébergeait une bonne vingtaine, il savait que c'était important. La règle est celle-ci :

n + 1 litières où n est le nombre de vos chats

Simple et facile à retenir, cette formule vous est rappelée ici. Pour ma part, mes chats ont apprécié voir arriver un bac à litière supplémentaire. Vous avez un seul chat ? Disposez alors une deuxième litière pour son confort, cela changera agréablement son quotidien. Votre chat fera peut-être pipi dans l'une et plus gros dans l'autre. C'est ce que mon Garfield apprécie faire.

Dans un des cas extrêmes vécus par des abonnées de laVieDesChats.com, un chat faisait habituellement un pipi dans la même première litière. Au moment du deuxième pipi plus tard dans la même journée, jugeant sa litière spéciale pipi impropre, il persistait à faire son pipi juste à côté de cette litière. Alors même qu'il avait une deuxième litière propre ! Gonflé ce chat !

Poussinet est son nom, ce chat exigeant a eu le dernier mot : 3 visites de nettoyage par jour ont été décidées. Depuis cette mesure très contraignante pour sa maîtresse, plus aucun pipi à côté de la litière. Certains chats sont très déterminés. Heureusement qu'ils ne sont pas tous comme ça. Nos chats sont vraiment tous différents …

- Taille du bac à litière

Vérifiez les dimensions du bac à litière que vous avez mis. Il doit être suffisamment grand pour votre chat, dans l'idéal une fois et demie sa longueur.

La longueur d'un chat se mesure du museau à la base de sa queue. Ainsi, dans le cas des grands chats, les litières félines classiques ne suffisent pas toujours. Pour ma part, en troisième litière, j'ai trouvé en magasin de bricolage un bac de rangement transparent car ses dimensions correspondaient mieux à l'un de mes chats.

- Hauteur des rebords du bac

Dans le cas d'un chat qui devient âgé (votre chat a 60 ans en âge humain quand il atteint ses 11 années de vie), observez sa démarche. À cause de l'arthrite ou d'articulations de plus en plus sensibles, votre chat peut éprouver de l'appréhension voire du mal à sauter d'une chaise, descendre d'un escalier.

Dans ces conditions, passer le rebord un peu haut d'un bac peut le dissuader de s'y rendre. Pour tester ce point, proposez une plateforme large pour lui permettre un passage très facile. Cette installation provisoire vous indiquera si une découpe dans le bac ou son changement suffisent à résoudre ce problème de pipis en dehors de la litière.

Dans la Formation de Parent de Chat, un module est entièrement dédié au quotidien des chats âgés et les attentions que vous pouvez leur offrir pour un quotidien plus confortable.

- Avec ou sans toit ?

Enlevez le toit du bac pour certains chats qui n'apprécient

pas le confinement. En revanche, d'autres apprécieront le toit du bac pour conserver davantage d'intimité. Les chats sont comme nous, ils ont leur propre personnalité et comme nous, ils sont uniques. Nous nous adaptons à eux.

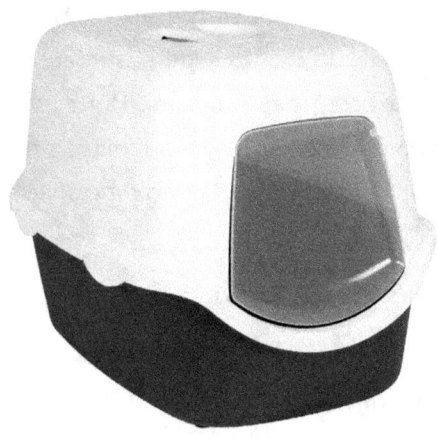

Bac à litière avec toit amovible ici en 1 clic
http://www.laviedeschats.com/adhj

- Le nettoyage hebdomadaire du bac à litière

De quelle manière le nettoyez-vous ? Je vous invite à comparer au nettoyage que nous avions vu dans le chapitre "Nettoyage après un pipi de chat". Après avoir vidé et rincé le bac à litière, vous pouvez utiliser la solution avec bicarbonate de soude en laissant tremper un quart d'heure. Un dernier rinçage suffit. Normalement, vous ne devez pas être dérangé par la moindre odeur tout en laissant à votre chat des effluves que seul lui peut percevoir.

Étape 6 - La litière

Si votre chat doit aimer la litière que vous avez choisie, c'est pour son odeur neutre et son toucher si agréables sous ses coussinets.

- L'odeur de la litière

Votre chat est en effet très sensible aux odeurs comme nous l'avons étudié à plusieurs reprises dans l'ensemble de la Formation de Parent de Chat. Si un parfum ajouté à la litière peut vous être très agréable, il peut être l'inverse, c'est-à-dire répulsif pour votre chat. Méfiez-vous de vos propres impressions humaines. Ce n'est pas parce que nous, humains, apprécions des toilettes qui sentent bon que votre chat appréciera l'équivalent. Le plus sûr est de mettre à disposition une litière à l'odeur neutre. Votre chat va se charger d'y apporter ses propres odeurs qui le rassurent tant.

Pour terminer sur le chapitre des odeurs, chaque chat a sa propre sensibilité à la litière sale. Une fois souillée, il est bon d'enlever les selles et boules agglomérées une fois par jour. Le nettoyage complet peut être envisagé une fois par semaine. C'est une moyenne que j'ai observée chez tous les Parents de Chats que j'ai accompagnés.

Si vous constatez des pipis hors litière, l'une des techniques consiste simplement à nettoyer à fond le bac à litière au quotidien. C'est beaucoup de travail mais devant l'obligation de la situation et la force de votre engagement, ce sera moins pénible. Si au bout d'une semaine, votre chat s'entête à faire tous ses pipis hors litière sans jamais revenir dans son bac, la piste de la litière propre est validée mais n'identifie pas l'origine du problème.

- L'épaisseur de la litière dans le bac

L'épaisseur du substrat dans le bac est importante pour certains chats très sensibles du coussinet. Personnellement, je n'ai jamais connu de chat capricieux sur l'épaisseur de litière mais j'ai accompagné une poignée de cas sur ces dernières années où un ensemble d'aménagements autour du bac à litière avaient pu trouver une issue favorable au problème de pipi au mauvais endroit. Nous avions mis une épaisseur de litière plus importante notamment et cela avait contribué au confort du chat et à sa confiance envers le bac.

Comptez sur 5 cm d'épaisseur comme référence confortable classique pour un chat.

- Quelle qualité de substrat (litière) ?

Quand vous êtes arrivés à ce point de la méthode, à tester la litière, prenez en compte la personnalité de votre chat. Avez-vous remarqué s'il est sensible physiquement ? Je vous invite à tester et proposer deux autres types de litière que celle que vous avez proposée jusqu'à présent.

Pour vous guider dans le très grand choix, je vous propose cette sélection et vous pourrez constater si votre chat apprécie davantage ces autres litières.

Cette litière est très agréable pour les chats même dans des contextes délicats.

Je vous recommande cette litière naturelle ici en 1 clic http://www.laviedeschats.com/almolitiere

Cette autre litière Cat's Best a pu sauver certaines situations de problèmes de pipi de chat même si elle reste simple dans sa composition.

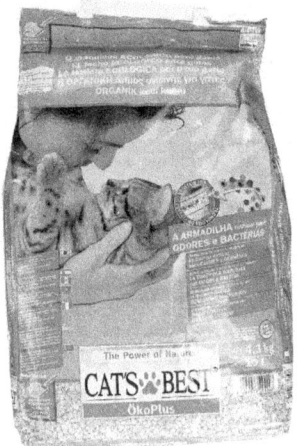

Litière agglomérante anti-odeur ici en 1 clic http://www.laviedeschats.com/catsbest

Enfin, cette litière Catsan est l'un des tops des ventes de litière.

Litière Catsan ici en 1 clic
http://www.laviedeschats.com/catsan

Pour faciliter le changement de litière, récupérez dans un sac plastique un peu de l'ancienne litière souillée par votre chat pour l'ajouter à la nouvelle. Faites cela si c'est possible. Si vous pouvez ajouter des odeurs de votre chat, ce sera plus évident pour l'inviter à se lâcher sur cette nouvelle litière.

Une fois que vous aurez testé plusieurs jours chaque nouvelle litière, notez bien les moindres différences par rapport à l'ancienne litière utilisée jusqu'à ce test.

- A quelle fréquence nettoyez-vous la litière ?

A quelle fréquence retirez-vous les crottes et boules agglomérées de pipi ? Je vous conseille au minimum les boules agglomérées et les selles une fois par jour.

A quelle fréquence nettoyez-vous complètement le bac à litière ? Ma recommandation est d'une fois par semaine. Si besoin, je vous invite à revoir le chapitre précédent sur le bac à litière et le nettoyage recommandé.

Étape 7 - Votre chat/chatte est-il(elle) castré/stérilisée ?

Si votre chat est castré ou votre chatte stérilisée, cela n'empêche pas les marquages à 100%. L'un de mes trois chats castrés, Garfield, peut marquer encore une à deux fois par an et je le sens immédiatement (forte odeur ammoniaquée). Mais entre un chat entier (non castré) et un chat dont l'opération a pu se faire vers ses 6 mois, c'est le jour et la nuit en ce qui concerne les pipis de marquage.

Pendant sa croissance, votre chat peut développer des aptitudes sexuelles très tôt, bien avant l'âge minimal de la castration comme nous le voyons dans la Formation de Parent de Chat dans le module "Questions sur les mamans et ses chatons". Voilà pourquoi certains chats conservent dans leur comportement cette manie du marquage malgré la castration. Plus vous tardez à faire castrer votre chat, plus il conservera son comportement sexuel malgré la castration.

Pourquoi le pipi de marquage ?

Les raisons pour lesquelles votre chat peut faire un pipi de marquage sont nombreuses.

- Pour définir une limite par rapport à d'autres chats.
- Pour définir son territoire simplement.
- Sur les affaires d'un membre de votre famille pour aider à se calmer ou à se rassurer.
- Sur les affaires d'un membre de votre famille dont un changement inquiète votre chat.
- Sur les affaires d'un membre de votre famille s'il

représente soudainement une menace aux yeux de votre chat.
- Sur les affaires d'un membre de votre famille pour renforcer le lien que votre chat a avec ce membre.
- Sur de nouveaux objets introduits chez vous (courses, achats divers, etc) pour les inclure à son territoire.
- Si votre chat ne peut aller s'expliquer avec le nouveau chat et qu'il a identifié de loin comme une menace pour son territoire (ou un chat de passage dans votre cour ou votre jardin, derrière la fenêtre).
- Si votre chat est simplement de nature très anxieuse.
- Pour défier un autre chat.
- Pour exprimer sa victoire après sa bagarre avec un autre chat
- Sur chaque entrée de votre logement qui constitue, aux yeux de votre chat, une éventuelle menace.
- Pour tenter d'attirer une minette à séduire.

Comment savoir si c'est vraiment un pipi de marquage ?

Un chat qui effectue un pipi de marquage le fait en dressant son arrière-train sur un mur, un montant de porte ou le pied d'un meuble. En lâchant quelques jets, il frétille aussi de la queue. Ce geste est flagrant et si vous le surprenez, vous connaissez alors l'origine de ce pipi de chat. Si vous ne le surprenez pas en flagrant délit, vous remarquerez la forme du pipi. La forme est verticale sur le support arrosé ? Alors c'est un pipi de marquage. Si la forme est une flaque au sol alors ce n'est pas un marquage, c'est un simple pipi.

Donc si vous identifiez un pipi de marquage, je vous invite

à envisager la castration ou stérilisation car cela change radicalement le comportement de votre chat et ses désagréments. Le pipi de marquage en fait partie.

Étape 8 - Quel changement dans votre environnement ?

Recensement et inventaire

Avez-vous connu un déménagement ces derniers temps ? Un seul meuble a-t-il bougé ou changé ? Une activité nouvelle vient d'être lancée dans votre logement ? Quel nouvel objet a été apporté dernièrement chez vous ? Le voisin a-t-il un nouvel animal ? Votre famille vient-elle d'accueillir un nouveau membre ? Une nouvelle personne a-t-elle intégré votre logement périodiquement ou d'une manière permanente ? Des travaux ont-ils eu lieu récemment chez vous ou dans le voisinage ? Des orages ou des feux d'artifices ou autres bruits extérieurs puissants ont-ils été perçus dans votre voisinage ?

Pour recenser les moindres changements des jours et semaines passés, il faut vraiment se poser et vous donner un long moment de réflexion. Pour plus d'efficacité, je vous propose d'interroger ceux et celles qui vivent avec vous. Demandez leur de faire le même exercice et de vous donner toutes leurs réflexions quant aux moindres petits changements dans votre environnement et donc dans celui de votre chat.

Listez toutes les idées et réflexions à ce sujet sur une ou plusieurs pages.

Pourquoi un changement peut stresser certains chats ?

Comme chaque chat est différent, certains matous sont sensibles au moindre changement dans leur environnement familier. Par exemple, une table contre laquelle il aimait se frotter quotidiennement a été déplacée d'une pièce à une autre. Il avait l'habitude d'y déposer ses phéromones et y sentir ses propres odeurs. L'absence soudaine de ce repère peut le mettre en émoi. Si votre chat est craintif ou très sensible, il peut ressentir une anxiété à l'absence de ce repère et il peut l'exprimer de cette manière : un pipi intempestif au même endroit du meuble absent ou ailleurs. Par ce « dépôt », il se rassure en laissant ses odeurs. Encore une fois, il ne le fait pas pour protester contre ce changement et vous embêter, il a seulement besoin de se rassurer.

Heureusement que la majorité des chats ne prêtera pas autant d'attention à notre mobilier.

Nos chats ont vraiment tous une personnalité différente. Comme pour nous, elle est issue de leur héritage génétique, leur éducation, leur environnement, les interactions avec les humains et les autres animaux, etc.

Une odeur nouvelle ?

Pensez aussi aux odeurs nouvelles. Avez-vous changé de parfum ? Si votre chat est incommodé voire se sent menacé par une nouvelle odeur, son premier réflexe sera de laisser sa signature olfactive, c'est-à-dire un pipi de marquage, pour 2 raisons. Par ce marquage, il signifie à d'éventuels prédateurs ou menaces qu'il est présent et vit sur ce territoire. La deuxième raison reste toujours la même, il se rassure par ce marquage en laissant sa propre odeur familière.

Votre chat urine-t-il sur des sacs de course ? Alors c'est clair, il exige que ces nouveaux objets et leurs odeurs étrangères soient masquées par sa propre odeur pour se rassurer.

Événement extérieur ?

En votre absence, un événement extérieur à votre logement a pu faire peur à votre chat. Un feu d'artifice, des travaux, un déménagement de votre voisin, prenez tout en considération dans l'environnement de votre chat.

Étape 9 - Un autre chat, un chien, une personne, un bruit extérieur ou un objet inquiète votre chat ?

Un autre chat

Dans l'inventaire, vous avez identifié un autre chat éventuellement et avez qualifié la nature de leur relation.

Si vos deux chats restent agressifs en permanence alors je vous invite à reprendre les présentations à zéro.

C'est ce que je vous explique et vous décris dans le module "Votre chat n'est pas seul - autre chat, chien - les premières mesures" dans la Formation de Parent de Chat. Il s'agit d'encadrer l'approche entre vos chats d'une manière positive pour eux. Cette méthode est progressive et respecte la sensibilité de vos chats.

Un chien avec votre chat

Si un chien provoque le stress de votre chat chez vous au point qu'il fasse pipi en dehors de la litière, il faut reprendre le cadre de leur cohabitation au début. Avec Laetitia de OuafMag.com, nous avons conçu le "Guide Pratique de l'entente entre chien et chat".

Le Guide Pratique de l'entente entre chiens et chats ici en 1 clic http://www.laviedeschats.com/a8cz

Après avoir validé le niveau d'éducation de votre chien, vous pourrez entamer l'approche en douceur de vos deux compagnons. Tant que chien et chat n'ont pas appris le moyen de communiquer ensemble, la peur ou l'agressivité seront les seuls sentiments régissant leur relation. Dans ces conditions, un chien et un chat ne peuvent pas cohabiter en harmonie. Il faut suivre la méthode de ce guide pour épargner à votre chat tant de stress.

Une personne en particulier effraie votre chat

S'il s'agit d'une nouvelle personne sur le territoire de votre chat, vous ferez en sorte de faire les présentations comme il se doit.

La nouvelle personne reste à une distance que votre chat estime suffisante. Pour connaître cette distance, la personne s'approche tout doucement du chat tant qu'il ne montre aucune inquiétude ou comportement agressif (grand yeux fixes, oreilles abaissées, râle, etc) ou encore qu'il ne fuit pas. Cette personne touche la monture de ses lunettes ou passe les doigts derrière les oreilles. Il s'agit de déposer sur la peau des doigts son identité olfactive. Elle doit tendre la main au chat et le laisser venir s'il le souhaite. Soit il vient sentir, soit la personne tendra une friandise ou deux et lui parlera d'une voix douce pendant quelques minutes et s'en ira enfin à ses occupations.

Cette présentation peut être faite deux fois par jour jusqu'à ce que le chat se laisse approcher ou ne montre plus de signe d'inquiétude. La victoire finale, le signe d'acceptation du chat est quand il se laisse caresser par la nouvelle personne.

un bruit extérieur terrifie votre chat

Vous avez réussi à identifier un bruit extérieur à l'origine de la peur de votre chat ? Félicitations pour votre enquête rondement menée. Il s'agit désormais de changer dans l'esprit de votre chat l'association terrifiante entre ce bruit identifié et son anxiété.

Pour exemple, je me souviens du claquement d'une lourde porte qui effrayait systématiquement un chat dans un appartement. Cette porte extérieure au logement faisait un vacarme plusieurs fois par jour et provoquait une telle peur à ce chat qu'il faisait par moments des pipis aux fenêtres. C'était sa manière de se rassurer sur les limites de son territoire face à ce bruit menaçant.

J'avais alors enregistré ce bruit de porte et l'ai fait entendre encore plus souvent à ce chat. Cependant, pour les premières fois, je le diffusais à un volume sonore très faible. A chaque diffusion qui n'effrayait pas ce chat tant le son était reconnaissable mais faible, j'offrais une friandise et une caresse à ce chat. Son Parent de Chat a pris le relais en proposant cette douceur à chaque diffusion du son enregistré de cette porte. Déjà au bout d'une petite semaine, ce chat montrait beaucoup moins de terreur au son réel du vacarme de la porte extérieure.

Au bout de 10 jours, son Parent de Chat m'a appelé pour dire que son chat ne faisait plus de pipi en dehors de son bac depuis la veille. L'association positive avec le son de cette porte avait réussi dans l'esprit de ce chat. Nous nous étions servis d'un petit conditionnement pour rassurer ce chat. Rassuré et persuadé que ce bruit effrayant n'était plus une menace, ce chat ne jugeait plus utile de devoir marquer son territoire.

L'avantage d'une telle technique est qu'elle s'applique à n'importe quel son ou quel bruit dès lors que vous êtes sûr qu'il est à l'origine de l'anxiété de votre chat. Vous pouvez l'enregistrer avec votre smartphone en tournant une simple vidéo par exemple. Vous pouvez utiliser votre ordinateur ou votre tablette pour capter le son de ce bruit identifié.

Pensez aux sons exceptionnels tel un feu d'artifice, les travaux de quelques jours ou un événement à votre fenêtre. De tels sons effrayants pour votre chat sont dans ce cas exceptionnels. C'est au bout d'un certain temps, après la fin de ces bruits effrayants pour votre chat, qu'il pourra se rassurer enfin sur l'absence de menace.

Le cas exceptionnel d'un objet déplacé ou absent

Heureusement que c'est rare mais dans ce cas, vous avez deux options. Soit il vous est possible de remettre au même endroit le meuble et la situation se rétablit d'elle-même. C'est-à-dire que votre chat n'aura plus de raison de stresser et donc de marquer par des pipis intempestifs ses odeurs.

Pour un meuble déplacé ou nouveau, vous décidez de le remettre en place ou utiliserez un peu de Feliway à l'endroit où se trouvait le meuble. Ces phéromones de synthèse devraient rassurer votre chat sur l'absence de repères olfactifs. Grâce à ce produit, il se dira que l'endroit est fréquentable puisqu'il identifiera des phéromones.

Accès direct Feliway ici en 1 clic :

http://www.laviedeschats.com/jt3x

Pipi de stress : Feliway ou Zylkene

Si votre chat urine visiblement en raison de son stress ou de son anxiété, ce n'est pas pour vous embêter. Il urine pour imprégner le territoire qu'il contrôle de sa propre odeur. C'est sa manière de se rassurer. Dans une grande variété de cas, la diffusion de phéromones synthétiques comme le Feliway peut rassurer votre chat.

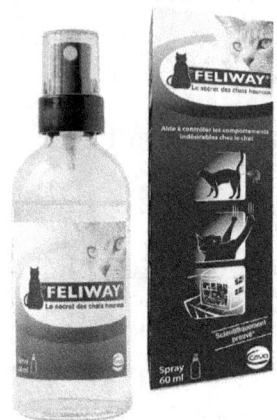

Feliway ici en 1 clic http://www.laviedeschats.com/jt3x

J'apprécie aussi un calmant 100% naturel, le Zylkene, il peut vraiment calmer votre chat.

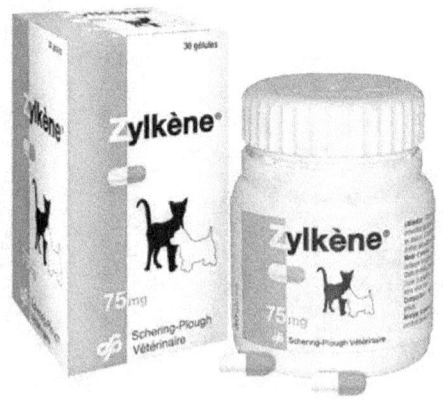

accès direct ici en 1 clic

http://www.laviedeschats.com/p35j

De ce calmant naturel fabriqué à partir de la protéine du lait maternel, il ne faut attendre le premier résultat qu'à partir de quatre semaines. Au-delà des 4 premières semaines, le calme apporté à votre chat permet de travailler sur la situation plus sereinement.

J'insiste sur le fait que ce calmant naturel n'apporte pas de bénéfice aux chats de nature angoissée, il est efficace sur les félins habituellement sereins.

Étape 11 - Sortir malgré tout

Dans certains cas, les chats peuvent demander à sortir alors qu'ils vivent enfermés dans un appartement. A la campagne, permettez à votre chat des sorties régulières, il va adorer ses journées animées par la nature et sa faune autour de chez vous.

Je sais que, si vous vivez en ville, l'extérieur peut être hostile pour votre chat. Dans de telles situations, des abonnées de laVieDesChats.com m'ont convaincu que des sorties avec harnais sont possibles en cœur de ville.

Petit harnais en 1 clic ici

http://www.laviedeschats.com/w50l

La laisse idéale avec le harnais :

La laisse pour le harnais ici en 1 clic http://www.laviedeschats.com/c3g0

Après plusieurs tentatives, le chat s'habitue au harnais puis aux différents chemins de promenade avec sa maîtresse ou son maître. Les sorties en harnais vont "remplir" chaque journée de votre chat. Elles vont lui apporter de l'animation, un enrichissement d'odeurs, de formes et de scènes excitantes. C'est ce dont a besoin fondamentalement votre chat tous les jours pour être heureux.

Étape 12 - Faire jouer votre chat pour éviter l'ennui

Nous allons répondre en effet à un autre besoin fondamental de notre chat pour éviter la frustration et donc pour éviter d'augmenter le risque de pipis intempestifs s'il s'ennuie. Votre chat ne vous dit jamais qu'il s'ennuie. Simplement vous pouvez le voir de plus en plus inactif, endormi et coutumier de pipis en dehors de la litière.

Le besoin vital de votre chat est de chasser. Qu'ils habitent en appartement ou dans une maison à la campagne, nos chats assouvissent leur besoin de chasser en jouant. Voilà pourquoi le jeu est un outil pédagogique utilisé naturellement par les chattes pour enseigner à leurs petits l'art de la chasse.

Avant de commencer à jouer avec votre chat, je vous livre cette idée contre-intuitive : il est déconseillé de jouer avec ses mains avec un chat. Cela donne à votre chat l'autorisation de mordre à pleine gueule notre peau à tous moments : nos mains, nos bras, nos chevilles ! En revanche, si vous jouez exclusivement avec des objets mettant à distance vos mains, vous ne subirez pas les attaques de chevilles ou de bras en dehors du jeu.

Faire jouer votre chat au bon moment

Capital ! Votre chat a des moments de repos, de sieste, de toilettes, etc. Attendez le bon moment pour jouer avec lui.

Pour connaître les créneaux horaires habituels de jeux, proposez déjà en matinée puis en fin d'après-midi. Ensuite vous retiendrez l'heure à laquelle il adore jouer avec vous. Pour ma part, je retiens le créneau 17h-19h.

Quel est le but de faire jouer votre chat ?

Le but du jeu avec Minou est de reproduire l'activité du chat chasseur dans la campagne. Il va repérer rapidement par l'ouïe, l'odorat ou la vue une « proie » : votre jouet.

Au préalable, imaginez si c'est un rampant, un rongeur ou un oiseau. Une fois le rôle de cette proie choisi, vous n'aurez plus de mal à savoir comment agiter le jouet. Dans ce quart d'heure de jeu que vous allez passer avec votre chat au quotidien, vous n'êtes plus vous, vous êtes « la proie ». Oui, vous incarnez un personnage. Amusant non ? Je savais que cela allait vous amuser aussi.

Le jouet souris ici en 1 clic http://www.laviedeschats.com/ldoe

Le bouchon de liège attaché à une ficelle plaît également ;)

Je vous rappelle que vous êtes une souris pour votre chat. C'est la partie avec votre chat que je vous décris en détail dans le module "Jouez comme votre chat le souhaite" dans la Formation de Parent de Chat. Reproduisez ainsi cette chasse à la souris. Au final, n'oubliez pas deux choses.

Il existe deux règles pour garantir la qualité du jeu avec votre chat.

Premièrement, Minou gagne toujours à la fin donc vous lui laissez quelques minutes sa proie à la fin de la séance.

Voilà pourquoi le jeu avec un laser est amusant mais doit être complété par une autre « proie » réelle que vous laisserez à votre chat au bout de quelques minutes de jeu. Jouer sans que votre chat ne "gagne" sa proie va générer chez lui de la frustration. Donc pour lui éviter cette frustration et cette excitation négative, permettez-lui de saisir une "proie" à pleines griffes.

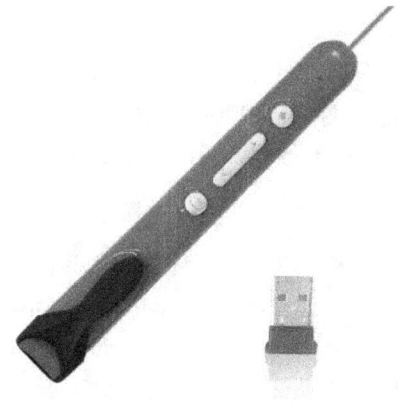

Laser accessible ici en 1 clic
http://www.laviedeschats.com/dti2

Deuxièmement, vous rangez le jouet. Il faut se tenir à ce point technique sinon Minou va se désintéresser vite du jouet resté inerte plusieurs jours durant. Or s'il voit réapparaître le lendemain son jouet souris en train de courir dans le couloir d'entrée, là c'est une fête pour lui ! Il va adorer ce jeu avec vous et la nouvelle partie de chasse.

Vous pouvez décliner ce jeu à l'infini... Un jour, vous êtes souris, un oiseau le lendemain.

Étape 13 - Lui apprendre le bon geste

Ce point technique ne concerne que les jeunes chats qui ne sont pas restés suffisamment longtemps avec leur maman (au moins 3 mois) pour apprendre correctement l'usage du bac à litière, j'ai une astuce très personnelle.

Il y a plusieurs années, j'avais dû apprendre à l'un de mes chats de faire ses besoins dans sa litière. Chaque jour, je l'installais dans son bac. Je lui prenais doucement sa patte et l'aidais à gratter. Pendant environ 20 secondes, "j'imprimais" dans la mémoire du chat le geste et donnais une croquette et une caresse. Plusieurs semaines après cette rééducation quotidienne et cette association « litière - gestes de douceur », le chat a adopté enfin son bac à litière. Pendant cette période d'apprentissage, vous le récompensez systématiquement quand il fait ses besoins dans le bac.

Étape 14 - Votre état nerveux influe votre chat ?

C'est sans doute le point le plus difficile à évaluer car il vous concerne personnellement, Parent de Chat. Comment savoir que votre état psychique ou votre humeur du jour va impacter la sensibilité de votre chat au point de générer chez lui un sentiment d'angoisse ?

Si vous avez une relation fusionnelle avec votre chat, vous sentez-vous tendu(e) ou stressé(e) en ce moment ? Votre chat ressent immédiatement si vous êtes de mauvaise humeur. L'angoisse que votre chat peut ressentir alors peut se traduire par un pipi intempestif : « Je stresse autant que toi alors pour me rassurer, je fais pipi pour confirmer que je suis bien chez moi, sur mon territoire … ».

Le test pour définir l'impact de votre humeur sur votre chat

J'ai un test pour vous aider. Je vous propose de consacrer votre prochaine journée de congé à votre chat et à ce problème. C'est peut-être beaucoup ce que je vous demande mais l'accumulation de pipis vous l'impose. Prenez donc cette journée où vous bénéficiez d'un grand calme en vous, après une bonne nuit réparatrice.

Consacrez-lui des câlins et des jeux comme je vous les décris plus loin dans ce chapitre. Dédiez cette journée uniquement à votre chat. Notez tout ce que vous observez de son comportement. Notez surtout les pipis en dehors de la litière commis ce jour-là. Avec chance, il n'en fait pas en votre présence ou, au pire, il n'en fera qu'un seul.

Si la différence constatée est nette alors votre chat est plus sensible que d'autres à votre état nerveux ou supporte mal vos absences. Le test est concluant donc il vous reste à faire le travail nécessaire. Pas évident à aborder, ce problème reste finalement une expérience de vie : « je dois faire attention à mon comportement pour ne pas inquiéter mon chat et je dois lui consacrer un maximum de temps ».

Dans cette situation, le travail sur soi et le rapprochement avec votre chat apportent un réel progrès. Pour parvenir à vous définir, je vous propose de répondre spontanément à ces quelques questions sur ce qu'on dit de vous.

1. <u>Êtes-vous une personne reconnue comme patiente ?</u>

Les chats sont l'école de la patience à mes yeux. Si vous ne comprenez pas leur comportement et qu'il pose problème (pipi de chat, agressivité soudaine, etc), vous pouvez vous énerver en toute légitimité. Mais si vous cédez à l'énervement, votre chat va se méfier de vous car jamais il ne fait le lien entre votre comportement nerveux et ce que vous lui reprochez (et que lui trouve normal). Le fait de consacrer votre temps et votre énergie à cette Formation confirment que vous êtes sur la bonne voie pour comprendre votre chat et ne plus avoir de raison de perdre votre patience.

2. <u>Avez-vous choisi d'adopter votre chat pour vous apporter une présence ?</u>

Votre chat n'est pas une aide de vie ou un assistant de votre quotidien. Il est avant tout un animal, un félin avec des besoins fondamentaux et une seule envie : celle de se faire plaisir. En tant qu'humain, si vous utilisez ses besoins fondamentaux et comblez ses désirs (comme jouer ou passer un moment ensemble au moment où il le souhaite) alors vous allez vivre des moments de vie formidables. Il s'agit de faire correspondre les besoins et envies de votre chat avec votre recherche d'une âme sœur. La Formation intégrale de Parent de Chat vous donne toutes les informations sur l'univers de votre chat pour le rendre heureux.

3. <u>Êtes-vous reconnue pour votre détermination ?</u>

Si c'est le cas alors vous aurez l'aptitude à ne pas céder à certains moments clé de votre vie commune avec votre chat. Dans la Formation de Parent de Chat, dans le module "Vous éduquez votre chat - les interdits, reconnaître un mot" ou dans "Questions sur les réveils nocturnes ou matinaux", il s'agit de ne pas céder face à votre chat dans des circonstances précises.

Après cela, vous devez faire preuve aussi de souplesse pour concéder à votre chat l'espace et le temps dont il a besoin pour vivre heureux chez vous. Les séances de jeux, l'aménagement d'espaces libres en hauteur ou les soins de son pelage font partie des moments de vie que vous donnez à votre chat pour le rendre heureux.

4. <u>Êtes-vous reconnue comme une personne un peu ou très maniaque sur votre intérieur ?</u>

Si c'est le cas, je comprends que vous teniez à ce que votre chat soit aussi propre et précautionneux que vous. Dans sa nature, il l'est mais du point de vue humain, vous devez comprendre et accepter sa manière de vivre et d'être heureux chez vous. Je pense notamment aux griffades au mauvais endroit si vous n'avez pas prévu le poteau ou le carton à griffer. Je peux aussi penser aux poils si envahissants aux périodes de mue, notamment à chaque printemps. Enfin le pipi de chat intempestif contre lequel vous combattez est aussi un désagrément avec lequel vous devez composer. Votre chat a ses besoins et ses envies, comprenez-les et acceptez-les pour ensuite vivre heureux avec lui.

> 5. <u>Dit-on de vous que vous êtes plus casanière, souvent chez vous ou plutôt toujours à l'extérieur et peu chez vous ?</u>

Pour illustrer ce point, je vais vous faire un aveu. Personnellement, j'ai rendu malheureux un de mes chats dans ma vie quand j'étais jeune homme. A 17 ans, j'ai commencé à travailler en radio et en discothèque. Par conséquent, j'étais très peu présent dans mon studio. Dans ce tout petit logement, j'avais accueilli un jeune chat. Mais au bout de quelques semaines, il a saisi l'occasion d'une porte restée ouverte pour partir chercher un foyer plus accueillant et aimant. J'avais manqué à toutes mes responsabilités de Parent de Chat à l'époque et je n'avais pas compris sur le moment la solitude dont souffrait ce pauvre jeune chat. Heureusement je me suis rattrapé une poignée d'années plus tard quand j'ai commencé à me stabiliser dans ma vie.

Dans l'idéal, votre chat peut aimer vous savoir en permanence chez vous quand il le souhaite. Certains chat apprécient de passer un moment avec vous, par exemple en soirée seulement. A l'inverse, d'autres chats ne vous lâchent pas d'une semelle partout où vous allez, comme un "petit chien-chien".

Ce que je veux dire, c'est qu'en fonction de la personnalité de votre chat et la vôtre, il faut trouver une manière de vivre ensemble qui apporte satisfaction aux deux. Pour prendre un exemple, voici les préférences et habitudes de mes trois chats, ce qui les rend heureux.

Tous trois dorment dans la maison la nuit et apprécient être lâchés dans la campagne avoisinante très tôt le matin (entre 4 et 6 heures selon mes jours de travail). Dès l'après-midi, mes deux plus anciens apprécient rester avec nous si nous sommes présents dans la maison. Le plus jeune, Sacha, adore nous retrouver à son retour en fin d'après-midi après un périple dans le voisinage. À partir de ces préférences, je ne vais pas les bloquer au matin pour leur demander des câlins ou une séance de jeux, je sais que ce n'est pas le bon moment pour eux donc l'idée ne me traverse même pas l'esprit. En fin de journée en revanche, je leur consacre toujours un moment. J'ai trouvé avec eux l'équilibre qui nous satisfait tous. J'ai ma liberté comme ils ont la leur. Ils sont heureux ainsi et moi aussi.

En fait, il n'y a pas de nombre d'heures défini minimum à offrir à un chat mais pensez à lui réserver un bon moment chaque jour. Votre chat est un animal qui adore les habitudes strictes. Si vous prenez l'habitude d'un rendez-vous alors il apprécie vite ce rituel. Votre chat est un adorateur d'habitudes, elles constituent une grande partie de son bonheur.

6. <u>Attendez-vous de l'affection de la part de votre chat par rapport à ce que vous lui offrez ?</u>

Répondez sans réfléchir à cette question. Qu'attendez-vous de votre chat chaque jour ? Donnez un exemple de ce qui est à vos yeux une preuve d'amour de votre chat.

Nous avons tous un regard d'humain sur notre chat et nous interprétons son comportement et son langage corporel comme un humain, c'est logique. Mais quand nous abordons dans la Formation de Parent de Chat le module "Comment interpréter son langage corporel ?", beaucoup de Parents de chats découvrent une grande quantité de détails qui leur échappait jusque là.

Si vous attendez de votre chat des preuves d'amour ou à ce qu'il réponde comme vous le souhaitez, je vous propose d'observer différemment votre chat. S'il vous semble distant, froid, peu enclin aux câlins ou aux jeux, ne vous y trompez pas. Dans ce cas de relation, à vos yeux austère avec votre chat, ne croyez pas qu'il vous en veuille pour quelque chose. Non, votre chat est plus introverti que les autres et a peut-être un regard trahissant une forme d'inquiétude permanente. Vous n'avez rien fait de mal. Votre chat est un anxieux, peut-être moins chanceux que les autres en début de vie.

Avec patience, observez-le attentivement et relevez pour commencer les habitudes que votre chat apprécie. Notez à quel moment il a semblé apprécier un moment de la journée et dans quelles circonstances.

Ce qu'il faut retenir de vos réponses à ces questions sur la relation avec votre chat

Si votre relation avec votre chat semble déséquilibrée à la lumière de ces quelques questions, elle peut stresser un chat anxieux ou très craintif de nature. Ce stress peut l'amener à vouloir se rassurer à tout moment et en tout lieu en faisant un pipi hors de la litière. C'est sa manière à lui de se rassurer.

Si la relation avec votre chat est la source de stress et de pipis intempestifs avec votre chat, le long travail sur cette relation peut commencer dès maintenant.

Récapitulatif du travail sur la relation à votre chat

<u>La patience.</u> Soyez plus indulgent avec votre chat et donnez-vous du temps pour mieux connaître ses besoins fondamentaux et sa personnalité. Plus vous cherchez ce qui caractérise votre chat et ce qui lui fait plaisir, plus vous gagnez

en harmonie tous les deux.

<u>Le besoin d'un compagnon.</u> Dès lors que les besoins fondamentaux de votre chat sont satisfaits, il est heureux et vous également. N'attendez rien de sa part, efforcez-vous de lui faire plaisir sans pour autant délaisser ce qui fait le charme de votre vie personnelle. Vous aussi avez des besoins fondamentaux (sécurité, chaleur, socialisation, etc). Si vos propres besoins fondamentaux sont satisfaits aussi alors vous êtes heureux et disponible pour rendre heureux votre chat.

<u>Votre détermination.</u> Selon votre caractère et votre personnalité, trouvez l'équilibre entre ce que vous voulez que votre chat respecte et le besoin de liberté de votre chat chez vous. L'expérience de cohabitation avec votre chat vous aide dans ce sens.

<u>Votre présence à votre domicile.</u> Même si votre chat apprécie ses moments de solitude, il n'en reste pas moins qu'il adore votre présence. Offrez-lui un minimum de moments privilégiés tous les deux chaque jour.

Recettes contre les pipis de chats ou … la Méthode Stop au Pipi de Chat

Étape 15 - La technique de l'éloignement

J'ai expérimenté avec des abonné(e)s de laVieDesChats.com la technique de l'éloignement de la litière. Cette méthode est très efficace mais demande de la patience. Elle a donné de bons résultats. En voici le principe.

A chaque endroit où votre chat fait un pipi, disposez une litière. Dans certains cas de pipis de chats, vous devrez disposer beaucoup de litières. Mais comme les points précédents de cette liste ne vous ont pas aidé, nous devons utiliser de plus gros moyens désormais. Utilisez de simples bacs premier prix mais avec la même litière que vous avez validée dans un des chapitres précédents.

Quand votre chat utilisera une première fois une des litières supplémentaires, vous attendez un à deux jours. Considérez ce nouveau bac à litière utilisé par votre chat comme validée. Une fois ce délai passé, vous déplacez cette litière validée de quelques centimètres par jour, pas plus, en direction de la première litière officielle.

A chaque fois que votre chat utilise à nouveau la litière déplacée, vous pouvez la déplacer dans la même direction de quelques centimètres seulement. Vous ne la déplacez pas tant que votre chat ne l'utilise pas à nouveau. Vous entretenez ce bac à litière validé comme n'importe quel autre bac à litière en enlevant le surplus chaque jour et en le lavant chaque semaine.

J'ai été agréablement surpris lors du premier test avec Camille de Paris, cela a fonctionné à merveille en 15 jours. Depuis que je conseille cette astuce d'éloignement dans des situations persistantes, le bon résultat me surprend toujours.

Étape 16 - Mon chat fait pipi uniquement sur ce tapis

Je n'ai qu'un seul cas où le chat était addict à son bout de tapis. Malgré les répulsifs ... Rien n'y faisait. J'ai utilisé un morceau de tapis pour le ramener dans son bac. Heureusement tapis sans valeur. Depuis sa maîtresse rachète ce tapis de cuisine de série et laisse un morceau sur le bord du bac, cela rassure son chat. Sans doute un événement dans l'histoire de ce chat l'a rendu éperdument accroc à son tapis. C'est le seul cas où je n'ai pas trouvé d'autre solution que ce subterfuge, j'ai accepté le compromis car nous avions atteint notre but : le retour dans son bac.

Étape 17 - Dans le cas de plusieurs chats, comment savoir lequel fait pipi ?

J'ai accompagné quelques cas de pipis de chats dans un groupe de félins. Dans la poignée de cas similaires que j'ai accompagnés avec succès, je n'ai trouvé qu'une seule technique pour identifier assurément l'auteur. Il s'agit d'utiliser une caméra de surveillance.

Au lieu de visionner des heures où aucune action n'est proposée, les nouvelles caméras se déclenchent en cas de détection de mouvement. De plus, je vous propose cette caméra de surveillance capable d'enregistrer la nuit.

Je vous ai sélectionné ce modèle que j'ai utilisé ici en 1 clic.

Caméra de surveillance pour chat ici en 1 clic
http://www.laviedeschats.com/camera

Comment configure wifi

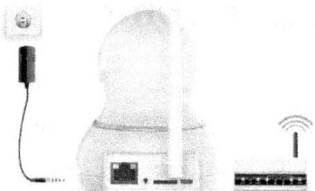

1. Télécharger l'application "wansview" à partir de APP store(iOs) ou Google Play(Android)

2. Alimenter la caméra et placer la caméra avec RJ45 au routeur, la caméra est en ligne

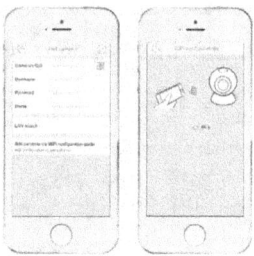

3. Ensuit, vous pouvez configurez wifi avec l'application

4. Vous pouvez regarder la vidéo

Récapitulatif des points à vérifier dans votre enquête sur le pipi de votre chat

Voici le tableau des techniques et solutions proposées. Je vous propose de cocher chaque hypothèse étudiée avant de passer à la suivante.

ÉTAPES	Notes
1. Le vétérinaire et votre chat	Auscultation
2. Ne pas gronder votre chat	car cela ajoute un problème
3. Nettoyage après un pipi de chat	Employer bicarbonate de soude, TraceNet, lampe UV, etc.
4. Empêcher un autre « crime »	Répulsif avec double-face, vaporisateur automatique, agrumes, etc.
5. Le bac à litière	Tester l'emplacement, le nombre, la taille, le toit et le nettoyage.
6. La litière	sans odeur de préférence, tester l'épaisseur, tester une autre qualité.

7. Votre chat/chatte est-il/elle castré/stérilisée ?	Test du pipi de marquage.
8. Quel changement dans votre environnement ?	Inventaire précis et complet des changements chez vous et autour de chez vous dont les odeurs ou événements extérieurs. Notez tout.
9. Un autre chat, un chien, une personne, un endroit précis, un bruit extérieur inquiète votre chat ?	Selon l'origine du stress identifiée de votre chat, des conseils vous sont donnés chapitre 9.
10. Pipi de stress : Feliway ou Zylkene	Feliway et ses phéromones de synthèse. Zylkene et son composé naturel à partir du lait.
11. Sortir malgré tout	Le harnais est la solution si vous avez peur de lâcher votre chat à l'extérieur.
12. Faire jouer votre chat pour éviter l'ennui	Pour sa bonne santé, apprenez à jouer comme votre chat aime.
13. Lui apprendre le bon geste	Pour les jeunes chats non éduqués par leur maman.
14. Votre état nerveux sur	Apprenez à identifier votre

votre chat ? Votre personnalité : patiente ? présente ? déterminée ? maniaque ? En attente d'affection ?	état émotionnel pour savoir ce qui peut influencer votre chat.
15. La technique de l'éloignement	Les bacs à litière nouveaux se rapprochent du premier bac en fonction de la réaction de votre chat
16. Mon chat fait pipi uniquement sur ce tapis	Un cas rare où l'on utilise un échantillon de ce tapis pour le ramener dans son bac
17. Dans le cas de plusieurs chats ensemble, identifier l'auteur des pipis intempestifs	La caméra de surveillance automatique.

Ce que nous avons vu dans cette Méthode "Stop au Pipi de Chat"

Dans ce livre, nous avons vu la méthode complète pour enquêter sur les pipis de chats au mauvais endroit. Vous avez compris que votre chat fait pipi pour exprimer une crainte, une anxiété, un malaise mais n'a aucune mauvaise intention envers vous.

D'après mon expérience depuis toutes ces années où je vous ai accompagnés pour identifier ce qui stressait votre chat au point qu'il fasse pipi en dehors du bac, j'ai élaboré avec vous cette méthode. Dans un ordre logique que le temps et les situations très variées m'ont inspiré, cette méthode est extrêmement efficace. La multiplication des pipis de chats en dehors du bac à travers tout votre logement peut devenir un réel cauchemar.

Pour ne pas ternir la relation que vous entretenez avec votre chat, il faut agir vite et avec méthode. En validant chaque technique de la méthode, les hypothèses sont validées les unes après les autres jusqu'à la solution. Il ne faut pas perdre de vue que seul votre chat vous livrera la raison pour laquelle il fait ces pipis intempestifs. De votre côté, vous avez tout mis en oeuvre, pour aider votre chat grâce à cette méthode. Vous pouvez en être fier. C'est encore une preuve d'amour envers votre félin.

Exercices

Je vous invite à quelques exercices pratiques pour terminer cette méthode. Vous pourrez commenter aussi les exercices pratiques qui vont suivre.

1. Vous découvrez, pour la première fois, un pipi sur votre canapé. Quelle attitude est-il préférable d'adopter ?

2. Malgré les deux litières disposées dans des endroits calmes à l'écart de passages, mon chat daigne faire un pipi dans une des litières avant d'en faire d'autres dans l'appartement. Je n'ai constaté aucun changement ni dans l'environnement du logement ni dans mon attitude. Quelle sera ma première mesure ?

3. Basile, jeune berger allemand, vient d'arriver à la maison au grand dam de votre chat Victor, un mâle habitué à l'exclusivité des lieux depuis sa naissance il y a cinq ans. Naturellement, dès les premières minutes, Victor n'est que feulements et agressivité permanente dès que Basile vient l'inviter à jouer à renforts d'aboiements. Quelle première mesure allez-vous prendre pour adoucir les relations pour l'instant orageuses ?

4. Bibelot est un beau chat angora particulièrement craintif. Il a une manie depuis son arrivée chez sa nouvelle propriétaire Constance. Bibelot fait systématiquement un premier pipi dans sa litière au

matin puis fera tous ses autres besoins dans le salon durant le reste de la journée. Que faites-vous pour régler le problème ?

5. La chatte Minouche pose problème à Marie. Sa chatte fait quelques pipis intempestifs depuis deux semaines en trois endroits bien déterminés. Minouche est pourtant très familière de l'appartement et de sa maîtresse depuis 5 ans. Dans la check-list, Marie a utilisé tous les points de la check-list jusqu'à la technique de l'éloignement. Que faites-vous pour obtenir l'efficacité de cette technique de l'éloignement ?

Répondez librement à ces questions. Revenez à des passages du Guide pour vous familiariser davantage avec les différentes étapes.

Exercice pratique

Sur papier libre, je vous propose d'indiquer simplement à quel jeu vous avez occupé votre chat juste ces derniers jours. Décrivez l'attitude, l'humeur et le comportement de votre chat pendant cette séance. Ce simple exercice doit être facile pour vous si vous connaissez bien votre compagnon depuis quelques années.

Formation de Parent de Chat

La méthode que vous venez d'étudier avec votre chat, c'est l'un des 46 modules composant la Formation de Parent de Chat. Pour rendre heureux votre chat, et vous avec lui, cette formation est entièrement en vidéos et en ligne. Pour chaque module, je vous montre en images toutes les notions nécessaires. Vous retrouvez également le module dans un document écrit et en fichier audio pour en profiter à tout moment de la journée.

Avec la communauté des autres Parents de Chats comme vous, vous allez apprécier les nombreux échanges que vous aurez. Je vous propose de découvrir le programme complet des 46 modules à cette adresse sur internet :

http://www.laviedeschats.com/attente

Je vous remercie du fond du coeur de l'engagement que vous avez pris pour votre chat afin de le rendre heureux à vos côtés.

Note de fin

Toute reproduction de cet ouvrage sur un support diffusé au public, à titre gratuit ou payant, exposerait son auteur à des poursuites pour contrefaçon sur le fondement des dispositions de l'article L335-2 du Code de la propriété intellectuelle en France ou à l'étranger.

Les informations contenues dans le présent ouvrage et sur le site Internet laVieDesChats.com sont soumises à une **clause de non responsabilité**. La responsabilité de l'auteur ne pourra en aucun cas être engagée en ce qui concerne les conséquences pouvant résulter de l'application des informations, techniques, conseils et autres types de contenus figurant dans le présent ouvrage.

L'auteur ne pourra en aucun cas être passible de dommages et intérêts ou tout autre type de réclamations et indemnités en ce qui concerne les conséquences pouvant résulter de l'application des conseils, techniques et autres types de contenus du présent ouvrage.

Crédit photos : unsplash & freeimages

Les autres ouvrages de l'auteur

http://www.laviedeschats.com/cohabitation-entre-chats/

http://www.laviedeschats.com/sx7v

http://www.laviedeschats.com/ns9z

http://www.laviedeschats.com/histoiresLivre

www.ingramcontent.com/pod-product-compliance
Lightning Source LLC
Chambersburg PA
CBHW070815250426
43672CB00030B/2746